REFLEXIONS
SOMMAIRES

SUR la Requête imprimée du Sieur LE SAULNIER.

POUR Messire JEAN-FRANÇOIS D'ANNEVILLE, Chevalier, Seigneur & Patron de Chiffrevast, originairement Intimé & incidenment Apellant :

CONTRE

JEAN-GUILLAUME LE SAULNIER, Sieur d'Erouville, Receveur des Bois de la Maîtrise de Valognes, originairement Apellant & incidenment Intimé.

LA Cour sçait déja par les premieres Ecritures des Parties qu'il ne s'agit dans ce Procès que de *la proprieté* & de *la mouvance* d'un petit Terrain nommé *la Lande aux Fols* d'environ sept à huit vergées de terres incultes, enfermées *d'un bout & d'un côté* de deux grands chemins publics, & *d'autre côté & d'autre bout* par le Domaine *fieffé & non fieffé* de Chiffrevast, ensorte qu'il est impossible que ce petit Terrain ne soit pas du *même Domaine* de Chiffrevast.

Le sieur le Saulnier commence sa Requête par dire *qu'un terrain de si petite importance ne devoit pas causer un Procès dont l'instruction coûte cinquante fois plus que sa valeur.* Il a raison ; mais à qui en est la faute ? Qu'à lui, qui a voulu l'usurper au préjudice du véritable Seigneur proprietaire & possesseur.

On n'a point tort de lui avoir reproché qu'il a voulu *l'usurper par artifice*, en l'enfermant dans son Fief de Marandé de nouvelle érection, par les bornes qu'il a données dans son Aveu au Roy de ce nouveau Fief ; car il en convient, en disant, *qu'il n'a employé dans son Aveu en 1728. que les mêmes bornes que son pere avoit données au sien en 1712. sans que le sieur de Chiffrevast s'y fut oposé.*

Mais son pere ayant *mal-fait*, le fils ne devoit pas *le suivre*, ou du moins il ne devoit point s'obstiner à soutenir son mauvais ouvrage, dès-lors que le sieur de Chiffrevast s'est oposé à l'enregistrement de son Aveu ; s'il ne s'est pas oposé à l'enregistrement de celui du pere, c'est qu'il n'en a pas eu de connoissance dans le moment ; il n'est pas étonnant que les Parties intéressées à ce qui les préjudicie n'en soient pas toujours informées dans le tems.

A

Il suffit au sieur de Chiffrevast qu'il soit en régle pour son oposition, tout ce que le sieur le Saulnier dit pour sa prétenduë justification n'est qu'une mauvaise excuse, qui fait plutôt sentir qu'il connoit son tort dans le fond, que non pas qu'il croit avoir raison ; cela est si vrai, qué l'on voit sensiblement que toute sa Requête ne tend qu'à prouver que le sieur de Chiffrevast n'a pas plus de droit que lui au fond en question.

Mais c'est en quoi le sieur le Saulnier est dans une continuelle erreur ; car ce fond est bien constanment du Domaine non-fieffé du sieur de Chiffrevast, c'est l'entrée absolument nécessaire de l'une des Fermes de sa Seigneurie & Terre de Chiffrevast, la seule insspection du Plan produit par ledit Seigneur en fait plus comprendre que tout ce que l'on en pouroit dire ; & *les deux grands chemins publics* qui séparent ce petit fond *du nouveau Fief* du sieur le Saulnier, démontrent sans replique valable que ce même fond ne peut jamais avoir fait *partie* du terrain défriché de la Forêt du Roy, pour en faire ledit nouveau Fief.

Aussi est-il si vrai qu'il n'en fait point *partie*, que l'on a démontré littéralement par le précedent Ecrit du sieur de Chiffrevast, que *le sieur le Saulnier possede plus de terrain qu'il n'en a été aliéné du Domaine du Roy*, pour former son Fief de Marandé, *indépendanment* du petit fond en question : Comment donc a-t-il osé vouloir encore usurper ce même fond sur le sieur de Chiffrevast ?

Si le sieur le Saulnier n'a rien à prétendre quant à *la propriété* dudit fond, faute de Titres, & parce que ces Titres y sont contraires, il est encore vrai qu'il n'a pas à y esperer davantage du côté de sa *prétenduë possession* ; car fonder cette *possession imaginaire* sur l'énoncé des bornes de l'aveu de son pere en 1712. c'est ce qui ne peut être raisonnablement soutenu avec la moindre ombre de justice. L'on peut employer tel fond que l'on veut dans un Aveu, au préjudice d'un tiers qui n'y est present ni apellé, sans que pour cela il soit vrai que l'on possede ce fond au préjudice de tiers qui en est le véritable Propriétaire & possesseur ; pour faire *une possession valable*, il faut avoir *joüi réellement & de bonne foy, & non contre son Titre* ; ce principe est sans aucun doute & très-véritable.

Or le sieur le Saulnier *n'a jamais joüi* du fond en question, ni réellement, ni de bonne foi ; & s'il en avoit joüi, comme non, très-certainement il ne l'auroit fait que *contre son Titre*, ce qui ne prouveroit qu'une *usurpation* également odieuse & condamnable, & qui ne lui auroit jamais pu operer une possession valable.

Ainsi nulle *propriété ni possession* du fond dont il s'agit, *en la personne du sieur le Saulnier*, ni de son pere, ni de leurs auteurs ; au contraire le sieur de Chiffrevast & ses Ancêtres en ont toujours été *paisibles possesseurs*, comme *vrais Propriétaires & Seigneurs très-fonciers* ; sa seule situation qui le rend *enclavé* dans le Domaine de sa Seigneurie, *enfermée* de ce côté-là par deux grands chemins ; en fait une preuve d'autant plus autentique & décissive en sa faveur, que ce même fond étant l'issuë, *l'entrée & la sortie* de l'une des Fermes de sa Seigneurie dont on s'est de tout tems journellement servi pour sortir de cette Ferme & y rentrer ; l'on ne peut pas méconnoître, avec la moindre once du sens le plus commun, que ledit sieur de Chiffrevast n'en ait également *la possession* comme *la propriété*.

Si le sieur le Saulnier avoit voulu user de ses lumieres sur la signifification du mot (*entousiasme*) dont il supose que l'on s'est servi, en lui disant par le précédent Ecrit du sieur de Chiffrevast, que *ce Procès étoit l'effet d'une ingratitude marquée de sa part, &c.* il auroit compris que *l'entousiasme* étant une espece de fureur prophetique ou poëtique, suivant les auteurs qui ont défini ce nom, n'a eu nulle part au juste reproche qui lui a été fait de son ingratitude ; car on ne pouvoit la lui reprocher en termes plus modérés. *L'ingratitude* est un vice du cœur qui offense griévement le bienfaiteur : celui-ci pouroit s'en plaindre en termes amers ; le sieur de Chiffrevast ne l'a pas voulu faire, persuadé qu'une simple remontrance au sieur le Saulnier pouvoit le toucher ; l'on s'est trompé, il en reste au sieur de Chiffrevast un nouveau déplaisir de voir qu'il n'a pu trouver par où rendre le sieur le Saulnier sensible à ce qui fait la vertu des belles ames.

Il apellera s'il veut encore cette remontrance *un entousiasme*, & il ne fera qu'ajouter une seconde erreur volontaire sur une premiere, qui réünies ensemble, opereront le comble de son endurcissement à ne vouloir point rendre justice à celui à qui il sçait bien la devoir : *C'est parce que, comme le sieur le Saulnier le dit, plus une Maison est illustre, plus elle doit mettre de noblesse dans sa maniere de penser, & que l'exacte vérité en doit être le caractere essentiel* ; que le sieur de Chiffrevast en a usé comme il a fait à son égard. Faloit-il donc qu'il voulut être mauvais, parce que le sieur de Chiffrevast n'en a que bien usé avec lui ? Le sieur le Saulnier n'ignore pas combien ce Procès lui fait peu d'honneur dans le Pais, pour ne pas se servir d'autres termes :

Que le sieur le Saulnier répete *qu'il ne veut point dépoüiller le sieur de Chiffrevast de son bien ; & que vû l'Aveu de 1712. rendu au Roy par le sieur le Saulnier son pere, c'est ledit sieur de Chiffrevast qui veut le dépoüiller du sien* ; il n'en sera pas moins vrai que cet Aveu n'a donné à son pere ni à lui aucune *propriété ni possession* du fond en question : on en répeteroit les raisons inutilement.

L'on convient que *quelque réflexion que le sieur le Saulnier pût faire sur le lieu d'où il est venu, il n'y trouveroit rien qui pût le priver du droit general & naturel que chacun a de défendre son bien* ; mais si ses réflexions étoient justes, il y trouveroit que les égards qu'il doit naturellement à la Maison de Chiffrevast, devoient l'empêcher de véxer cette Maison. Ce n'est pas défendre son bien que de vouloir usurper celui d'une Maison à qui l'on a les obligations de ce que l'on est ; quelque chose que puisse dire le sieur le Saulnier pour excuser son usurpation, il ne dira jamais que des mots ; car quand on a tort dans le fond, on a beau dire, l'on ne peut jamais se justifier, parce que si l'injustice peut se masquer, elle ne s'efface jamais ; & il n'est point douteux que le sieur le Saulnier n'ait doublement tort, du moment qu'il s'obstine à défendre une usurpation qu'il n'auroit jamais dû faire.

Le sieur de Chiffrevast ne conteste point avec le Roy la *propriété* du fond en question ; le Roy ne la reclame pas ; & il ne le pouroit en bonne justice, parce que le Roy ne veut que ce qui lui apartient légitimement. Il n'est point vrai que la Sentence dont est Apel l'ait ajugée à Sa Majesté, elle n'a seulement prononcé sur cette propriété rien autre chose que de n'y avoir point d'égard pour l'une ni l'autre Partie ; elles en sont toutes les deux Apellantes, & reclament la même propriété ; il ne s'agit donc

4

entr'elles que de sçavoir à qui elle apartient , & il n'est pas douteux que c'est au sieur de Chiffrevast ; s'il étoit coupable de la contester au Roy , ce crime lui seroit commun avec le sieur le Saulnier ; avec cette difference que celui-ci seroit beaucoup plus condamnable , car il n'a nul droit d'y prétendre aucune chose ; au contraire le Titre de la propriété & érection de son Fief l'en exclut absolument , ayant plus de fond que le Roy n'en a vendu , indépendánment de la petite Lande en question qui n'a jamais été venduë , ni employée dans les bornes de la Vente faite au nom de Sa Majesté ; au-lieu que le sieur de Chiffrevast prouve sa propriété , sa Seigneurie & sa possession de ladite Lande , par les bornes qui l'enferment dans le Domaine de sa Seigneurie de Chiffrevast.

Si l'on peut reprocher de *l'entousiasme* dans les Ecritures de quelques-unes des Parties dans ce Procès ; c'est assurément dans la Requête du sieur le Saulnier. Car où est-il allé prendre ce qu'il dit de *la distance du Roy au sieur de Chiffrevast , & de celui-ci audit sieur le Saulnier* ? Qui est le Sujet assez aveugle pour vouloir se comparer à son Roy ? Et où paroît-il que le sieur de Chiffrevast ait jamais eu cette pensée ? Mais le sieur le Saulnier ne devoit-il point réflechir que son reproche tombe à plomb sur lui-même ? Il dit que *la prétention réciproque de la propriété du fond en question fait le principe de leur réclamation* : si cette propriété apartient au Roy , il la lui conteste donc ; & par conséquent il est encore plus coupable que le sieur de Chiffrevast à cet égard ; par son seul raisonnement. le sieur le Saulnier n'est pas plus heureux sur son mauvais reproche *d'étalage inutile de bienfaits* , car ce n'est avoir rien *étalé* que de s'être plaint de son ingratitude ; si c'est les rendre *inutiles & en perdre le prix* que d'en reprocher l'ingratitude , elle deviendra bien impunie , & les ingrats en joüiront bien utilement : Assurément le sieur le Saulnier n'y a pas réflechi quand il a tenu de semblables propos.

Que le sieur le Saulnier ne dise point que *le fond en question étant inculte & en nature de lande & briere* d'une fort petite étenduë , *il ne peut jamais faire grand préjudice à la Terre de Chiffrevast , de vouloir conserver la possession* de ce fond à l'exclusion de cette Terre , & qu'ainsi *il faloit proportionner les clameurs à l'objet qui y donnoit lieu.*

Car le sieur de Chiffrevast ne pouvoit moins faire : 1°. Que de défendre son bien contre l'usurpation que le sieur le Saulnier lui en veut faire. 2°. Le sieur le Saulnier n'a point de possession à s'en conserver , n'en ayant jamais eu aucune. 3°. Que *le préjudice pût n'être pas grand* , c'est toujours convenir que l'on en peut faire , petit ou grand ; n'importe il est bien de l'intérêt du sieur de Chiffrevast de n'en point souffrir d'aucune sorte de qui il n'en doit point recevoir & qui n'a aucun droit de lui en faire ; mais il n'est point vrai que ce *préjudice ne fut pas grand* , il boucheroit l'entrée & la sortie d'une Ferme de la Terre de Chiffrevast , qui en a un besoin indispensable ; celui qui s'efforce d'usurper ce qui ne lui apartient point en pareil cas , n'a que de pernicieux desseins ; de la mauvaise volonté dont l'on voit le sieur le Saulnier , l'on ne peut douter du grand préjudice qu'il feroit au sieur de Chiffrevast , s'il pouvoit réussir à lui usurper son fond.

Chose étonnante & inouïe que ce mauvais petit fond inculte , de nul revenu & qui ne peut jamais être d'aucune utilité au sieur le Saulnier par sa situation , le tente cependant si fort , qu'il aime mieux s'obstiner dans

son

son envie de l'ufurper ou de le faire perdre au véritable Seigneur proprietaire & poffefleur, que de l'en laiffer joüir en paix. A quelle fin cette entreprife & cette vexation & chicane ? Peut-on douter un inftant des mau-
vaifes vuës du fieur le Saulnier dans fa conduite à cet égard ? Et quelles
expreffions contre lui ne fourniroit point en pareil cas un *entoufiafme*, fi
l'on étoit capable de s'y laiffer emporter ?

Mais il vaut mieux fe contenter de le reprefenter tout fimplement tel qu'il
eft par une expofition naturelle du Fait : La Cour fçaura bien qu'en penfer, elle eft feulement fupliée d'y donner fon attention ; car pour un rien
à l'égard du fieur le Saulnier, il n'a fûrement jamais été d'entreprife &
de chicane plus condamnable que celle qui fe trouve dans ce Procés de
fa part.

Il ne connoit point, dit-il, *les incidens, il ne réfifta pas à confentir de
réformer fon Aveu fur les trois autres chefs conteftés fans intérêt de la part
du fieur de Chiffrevaft ; & celui-ci étant déchu de la proprieté du fond en
queftion, on n'a pas dû condamner ledit fieur le Saulnier à la totalité des
dépens.*

S'il étoit queftion de ces trois chefs aquiefcés & que ce ne fut pas im-
portuner la Cour fans néceffité que de lui en parler, rien ne feroit de plus
facile que de lui établir l'intérêt du fieur de Chiffrevaft, & même un trés-
grand intérêt, la Cour en poura prendre connoiffance en vifitant le Procés en entier. Le fieur le Saulnier étant déchu fur les quatre chefs de blâ-
me de fon Aveu, il a donc été bien condamné aux pleins dépens ; il ne
veut pas que ce foit *un aquiefcement* que fon confentement de réformer
les trois chefs conteftés, & *il laiffe à la Cour de juger fi ces expreffions ne
font pas auffi déplacées que celles d'ingratitude envers des bienfaicteurs.*

Véritablement la Cour en jugera ; mais le fieur de Chiffrevaft ne peut
penfer que ce foit à fon defavantage ; *confentir & ne point apeller* de ce qui
eft jugé contre foi, c'eft affurément bien *aquiefcer*, d'autant plus même que
ce n'eft qu'à la Cour qu'il *a confenti* l'exécution des trois chefs jugés,
n'ayant obéi que fur un chef, & même avec équivoque, devant le Juge
dont eft apel. L'obfervation dudit *aquiefcement* eft donc fi peu déplacée,
que le Sr. le Saulnier n'a pu en donner d'autres termes. Il faut n'avoir rien
à dire pour s'arrêter à de pareilles reprifes, qui ne font rien pour le prin-
cipal : l'on a vu que le reproche d'ingratitude n'eft pas moins bien venu
au fujet ; ainfi de l'un & de l'autre côté le fieur le Saulnier n'a rien à attendre du Jugement de la Cour que fa condamnation à cet égard.

SUR L'EXPOSITION DU FAIT.

Il n'eft pas queftion de fçavoir fi la Terre de Chiffrevaft *ne fera point
deshonorée ou plus ou moins décorée*, d'avoir ou de n'avoir pas *la petite
Lande* en queftion, il fuffit qu'elle apartienne à cette Terre & qu'elle lui
foit *utile*, & qui plus eft abfolument *néceffaire* pour la défendre & ne la
pas abandonner au fieur le Saulnier, à qui elle n'apartient point ; fi dans
les lots de cette Terre en 1650. *la petite Lande* eft donnée pour bornes *au
Tenement Pontus* apartenant au Sr. de Chiffrevaft, ce n'eft nullement une
preuve qu'elle ne foit pas du Domaine & Seigneurie dudit Sr. de Chiffrevaft ; cette petite Lande étant ouverte & inculte, fervant de retraite aux
Proceffions qui fe rendoient autrefois en abondançe à la Croix qui y eft

B

placée, les Seigneurs de Chiffrevaft ne l'ont point voulu mettre fpécia-
lement en partage ni dans aucuns de leurs Baux ; mais elle n'eft pas moins
reftée du corps de leur Seigneurie.

Cette vérité eft fi conftante, que l'on voit par le même Acte ou lots de
1650. qu'il eft dit à la fin d'iceux , que celui qui *aura le Fief de Chiffrevaft aura ce qu'il y a de Landes à Beaumont , Tamerville , Sauxemefnil ,
&c.… & aux environs dépendantes dudit Fief ;* la petite Lande en queftion eft de ce nombre ; donc elle eft reftée audit Fief de Chiffrevaft ;
& auffi eft-il vrai que lors de la vente en 1657. du fond de la Forêt
érigé en Fief de Marandé , on eut fi peu intention d'y comprendre ladite
petite Lande , qu'il n'y eft nullement parlé de Landes , mais bien d'un
fond de bois auquel on donne pour *bornes* de ce côté-là *les Terres du fieur
de Chiffrevaft* , ce qui prouve démonftrativement que cette petite Lande
étoit regardée comme faifant partie defdites Terres , puifqu'autrement
elles n'auroient pû être données pour bornes , enforte que *le premier Titre* du fieur le Saulnier , le Titre originaire & primordial de fon Fief de
Marandé eft formellement *exclufif* de fa prétention , & auffi eft-il de fait
conftant que fes auteurs n'ont jamais prétendu ladite petite Lande , comme il eft encore juftifié par le Contrat du 26 Juin 1660. où l'on voit que
ce chemin qui régne le long d'icelle eft donné pour borne à la premiere
Fieffe qui eft faite de partie des fonds vendus par l'Ajudication de
1657. ce qui condamne doublement l'entreprife dudit fieur le Saulnier.

S'il n'eft pas *d'ufage que l'on plante des Croix fur des fonds apartenans
à des Seigneurs particuliers ,* il eft encore moins d'ufage que l'on en plante fur les fonds du Roy fans fon autorité ; mais il eft commun que
des Seigneurs en plantent fur leurs propres fonds ; le fieur de Chiffrevaft *ne fçait point* , non-plus que le fieur le Saulnier , *en mémoire de
quel évenement cette Croix a été conftruite au lieu où elle eft* dans ladite pe-
te Lande ; mais le motif n'y fait rien ; il eft plus naturel de penfer qu'elle
a été l'ouvrage de la pieté de quelque ancien Seigneur de Chiffrevaft , que
d'aucun Receveur du Domaine du Roy ; d'autant plus qu'elle eft fur le
fond de ladite Seigneurie , & nullement fur celui du Domaine.

Que les deux grands chemins qui bornent ladite petite Lande au Midi
& au Couchant foient pris fur *le fond du Roy* ou non , c'eft ce qui décide
encore pour le Sr de Chiffrevaft , bien-loin de lui être contraire , ces deux
chemins font à l'extrêmité du même fond , & conféquenment tout ce qui
eft de l'autre côté au Nord & au Levant eft du Domaine fieffé & non-fieffé
du fieur de Chiffrevaft ; fi les nommés le Fol qui poffedent le Domaine
fieffé au Levant de ladite petite Lande , fe prétendent être relevans du
Roy , & qu'ils ayent donné pour bornes fa Forêt de ce côté-là , l'on a dit
que c'eft un fait étranger , *res inter alios Acta* , qui n'a pu nuire aux fieurs
de Chiffrevaft , qui n'ont été prefens ni apellés aux Actes où lefdits le Fol
ont tenté de fe fouftraire de la mouvance de leurs véritables Seigneurs à
l'occafion de la perte des Titres de leurs Seigneuries qui leur ont été pil-
lés , comme il eft prouvé au Procès ; ce qui les a empêchés jufqu'à pre-
fent de rétablir leurs tenures.

Mais il n'en eft pas moins vrai que les héritages defdits le Fol font
originairement du Domaine fieffé de la Seigneurie de Chiffrevaft , étant
enfermés de tous côtés du Domaine non-fieffé de cette Seigneurie , à l'exception du chemin qui defcend de la Lande de Beaumont dans le chemin

de Valognes à Cherbourg, & qui également du côté du Midi les fépare, comme la petite Lande en queftion, d'avec la Forêt du Roy.

La Cour, en lifant la Requête du fieur le Saulnier, ne manquera pas fans doute de remarquer que ce qui fait l'erreur affectée de tous fes faux raifonnemens fur les bornes des terres de la Forêt du Roy aliénées par l'Ajudication de 1657. n'eft tiré que de fon artifice à mettre *la petite Lande* au nombre de ces terres aliénées de ladite Forêt ; mais le principe contraire auffi-bien établi qu'on le voit, étant certain, l'erreur eft découverte & les faux raifonnemens tombent totalement ; *la petite Lande* n'eft point en effet & n'a jamais été au nombre des terres de ladite Forêt aliénées par l'Ajudication de 1657. puifque ce Contrat & celui de 1660. prouvent litteralement le contraire, comme on le vient de le démontrer, fuivant qu'il l'eft encore plus amplement par la précedente Ecriture imprimée du fieur de Chiffrevaft, & que même le fieur le Saulnier eft forcé de le reconnoître page 5, *alinea* 4 de fa Requête imprimée.

On convient, dit-il, *que le Terrain en queftion n'eft point compris dans le Contrat de fieffe de 1660. parce que ce Terrain n'étant bon à rien, l'aquereur ne jugea pas à propos de s'en charger par fieffe, &c....*

Voilà donc que le Terrain en queftion n'eft point du nombre des terres fieffées par le Contrat de 1660. En faut-il davantage que cette reconnoiffance du fieur le Saulnier pour le condamner ? Il reclame un petit fond qui de fon aveu *n'eft bon à rien* pour lui, & qui eft très-utile & abfolument néceffaire au fieur de Chiffrevaft, & ce fond n'a point été aliéné à fes auteurs. D'où le prétend-t-il donc, & d'où vient qu'il s'opiniâtre tant à le voûloir ufurper fur le véritable Seigneur proprietaire & poffeffeur ?

Ah ! c'eft qu'il fera voir, ajoute-t-il, *que cette petite Lande apartenoit au Roy & qu'elle eft comprife dans l'Ajudication de 1657. puifqu'elle contient tout ce qui lui apartenoit, fans en rien réferver ni retenir.*

Mais c'eft au contraire ce qu'il ne peut jamais faire voir ; car fi ce petit fond avoit été compris dans l'Ajudication de 1657. il auroit été auffi compris dans la fieffe de 1660. parce que par le Contrat de cette fieffe, l'Ajudicataire de 1657. baille en fieffe *toutes & chacune les terres qui font du contenu de la Haye de Valognes & de fon Ajudication, &c....* qui dit *tout,* n'excepte rien, & les bornes employées dans ledit Contrat de fieffe font encore une preuve démonftrative que la petite Lande en queftion n'en eft pas ; le Sr le Saulnier eft forcé d'en convenir. Elle n'eft donc pas non plus de l'Ajudication de 1657. & n'a jamais apartenu au Roy, puifqu'il ne l'a point alienée, & que fi elle avoit été dans l'Ajudication de 1657. elle auroit été néceffairement & de plein droit dans la fieffe de 1660. puifqu'elle n'en eft pas réfervée.

En vérité l'on rougit pour le fieur le Saulnier d'avoir à le confondre auffi évidenment par fes propres raifonnemens fur des faits qui lui font fi connus & dont il ne peut parler qu'en fe confondant lui-même, les termes (*fans en rien réferver ni retenir*) employés dans l'Ajudication de 1657. ne veulent pas dire que le Roy a aliéné *la petite Lande,* où il n'avoit rien, *il ne réfervoit ni ne retenoit rien* de ce qu'il vendoit par fon Ajudication ; mais il ne vendoit pas *la petite Lande,* puifqu'elle ne lui apartenoit pas. Pourquoi donc ofer dire qu'elle a été aliénée, pendant que lefdits deux Contrats d'alienation de 1657. & de fieffe de 1660. prouvent fi litteralement le contraire, fuivant même qu'il eft forcé d'en con-

venir précifément ; n'eft-ce pas fe contredire de propos déliberé & vouloir infulter aux lumieres de la Cour que de lui faire de pareils raifonnemens ?

En vain au fieur le Saulnier de vouloir argumenter en fa faveur du Procès verbal de M. de Chamillart en 1666. car outre que les inductions
qu'il tire de l'énoncé de ce Procès verbal font abfolument fauffes, c'eft
que d'ailleurs il eft vrai que ce Procès verbal étoit fi peu jufte & régulier,
que l'on n'y a eu aucun égard au Confeil, & qu'il n'a nullement été fui-
vi par tous les autres Procès verbaux qui ont été faits depuis ; ainfi que
le fieur de Chiffrevaft l'a fait voir page 24 de fon précedent Imprimé.

Si dans ce Procès verbal de 1666. on a donné les terres du fieur de
Chiffrevaft pour bornes à la Forêt du Roy, préferablement aux deux chemins qui la bornent de ce côté-là ; c'eft que M. de Chamillart ordonnant
par ce Procès verbal que les chemins de traverfe qui alloient à la Forêt
fuffent bouchés ; il mettoit celui en queftion de ce nombre, & comprenant dans les bornes qu'il donne dans icelui à l'Ajudication de 1657. les
anciennes fieffes du fieur Dugauguier fieffées par le fieur de la Potterie In-
tendant long-tems auparavant, quoiqu'elles ne fiffent point partie de cette
Ajudication ; il n'eft pas étonnant qu'il ait donné par ledit Procès verbal la borné du Hameau & Fieffe defdits le Fol à ladite Forêt, anéantif-
fant le chemin qui les en partage, auffi-bien que ladite petite Lande ; ainfi
ces mêmes bornes décident encore pour le fieur de Chiffrevaft, puifqu'elles mettent néceffairement ladite petite Lande au nombre defdites terres fans
en faire nulle diftinction.

On fe gardera bien après cela d'entreprendre de relever tous les faux raifonnemens du fieur le Saulnier, fur l'Arrêt du Confeil du mois d'Avril
de 1668. & fur celui du mois de Mars 1672. ils font fi forcés & fi contraires aux inductions naturelles & fimples que le fieur de Chiffrevaft a tirées
de ces mêmes Arrêts par fon précedent Ecrit, Page 4. qu'il fe contentera
de fuplier la Cour d'en prendre la lecture pour toute réponfe aux mau-
vaifes inductions du fieur le Saulnier ; il faut avoir fa témerité pour vouloir argumenter en fa faveur de ce qui le condamne abfolument.

Le fieur le Saulnier n'eft pas plus judicieux dans le double dilemme
qui fuit de fa part, *ou la petite Lande*, dit-il, *apartenoit au Roy, ou au
fieur de Chiffrevaft ; fi elle apartenoit au Roy, ou qu'elle lui eft reftée, ou
qu'elle a paffé à l'Ajudicataire de 1657. Au premier cas, il y a de l'indignité au fieur de Chiffrevaft de la reclamer : Et au fecond cas, c'eft pour le
fieur le Saulnier que refte l'indignité ; il en convient, quoiqu'il veüille
qu'elle fut mal placée à fon égard, étant un nouvel heritier qui n'a fait
que fuivre un Aveu apuyé d'un Arrêt de Cour Souveraine.*

La premiere partie du dilemme eft vraye, il n'y a pas de doute, *ou
que la petite Lande apartenoit au Roy, ou au fieur de Chiffrevaft* ; mais il
eft démontré littéralement qu'elle a toujours été du Domaine non-fieffé
du fieur de Chiffrevaft. Donc elle n'a jamais apartenu au Roy ; ainfi la
feconde partie s'évanoüit & tombe d'elle-même. *La petite Lande n'eft point
reftée à Sa Majefté, & n'a point paffé à fon Droit à l'Ajudicataire de 1657.*
parce qu'ayant toujours été du Domaine non-fieffé de Chiffrevaft, elle ne
peut être reftée qu'audit fieur de Chiffrevaft, fans avoir pu paffer à l'Ajudicataire de 1657.

Ainfi *l'indignité* à reclamer cette petite Lande, refte toute entiere au
fieur

fieur le Saulnier ; & fa qualité de nouvel heritier , ni l'Aveu de fon pere ,
apuyé de l'Arrêt de vérification à la Cour des Comptes , n'en ont point
déplacé le reproche qu'on lui en a fait avec bien de la juftice ; car l'on
voit abondanment , par l'état de la queftion & par les Pieces du Procès ,
qu'en telle matiere il n'y a point *d'indignité* pareille à celle du fieur le
Saulnier , de s'être opiniâtré à foutenir l'Apel d'une Sentence qui l'évince
de ladite *petite Lande* , qu'on lui a démontré par fes propres Titres ne lui
avoir jamais apartenu , ni à fes auteurs , ni au Roy qu'il reprefente par l'en-
gagement de fon Fief de Marandé , & qu'il convient *n'être bonne à rien*
pour lui , au-lieu qu'il fçait parfaitement qu'elle apartient au fieur de
Chiffrevaft , qui n'en pouroit être privé fans que fa Ferme reftât de ce côté-
là enfermée ; ce qui lui cauferoit un préjudice notable , & auquel il y a bien
de l'indignité de vouloir l'expofer gratuitement & fans nul interêt pour
ledit fieur le Saulnier.

Ni l'Aveu du pere du fieur le Saulnier , ni l'Arrêt de la Cour des Comptes , ni fa qualité de nouvel heritier de fon pere ne le juftifient donc point ;
car fon *indignité* n'eft pas tant à avoir employé ladite *petite Lande* dans
fon Aveu à lui-même , quoi qu'il fçut parfaitement bien qu'elle ne lui
apartenoit pas , que de s'être obftiné à vouloir en foutenir l'ufurpation
& l'Apel d'une Sentence qui la condamne.

C'eft le fieur le Saulnier qui a forcé le fieur de Chiffrevaft à faire cette
digreffion par celle où il s'eft jetté lui-même ; il faut reprendre avec lui
la fuite du Fait.

Il dit *qu'il eft convenu de bonne foi que ladite petite Lande n'eft point com-*
prife dans les bornes employées au Procès verbal des Officiers de la Maî-
trife de Valognes du 20 Juin 1678. mais qu'il n'eft pas étonnant qu'elle n'y
ait point été comprife ; un objet fi peu important ayant bien pu échaper ,
ou regardé peut-être comme ne méritant pas d'être employé dans ledit Pro-
cès verbal.

Voilà donc un troifiéme Titre du fieur le Saulnier encore de fon
propre aveu , exclufif de fa mauvaife prétention ; & la raifon qu'il en
donne n'augmente-t-elle pas fa honte ? Un objet reconnu par fes auteurs ,
pour *peu important & ne méritant pas d'être reclamé* , devoit-il être celui
de fon avidité , fur un voifin à qui ce petit terrain eft fi utile & fi néceffaire ? Le fieur de Chiffrevaft ne méritoit-il point bien quelques petits
égards de la part du fieur le Saulnier ? Eft-il fi étranger dans fa maifon ,
qu'il ne le connut point ? Où en a-t-il reçu quelque fujet d'une telle
vengeance : on en apelle au fieur le Saulnier lui-même ; car le fieur de Chiffrevaft ne fçait rien qui lui reproche à cet égard , il feroit bien fâché de
caufer aucun déplaifir à fes voifins ; fi la difference de leurs conditions fait
de la peine au fieur le Saulnier , & qu'il en ait de la jaloufie , le fieur de
Chiffrevaft n'y fçait pas de remede ; mais le Sr le Saulnier eft fi riche , le
petit terrain en queftion , qui *n'eft bon à rien* , de fon propre aveu , & de
celui de fes auteurs , *peu important & ne méritant pas d'être reclamé* , ne
méritoit pas affurément que le fieur de Chiffrevaft fut vexé d'un pareil
Procès.

L'on ne dira rien ici fur (*le peut-être auffi a-t-on penfé*) qui fait le quatriéme *alinea* de la Page 7. de la Requête du fieur le Saulnier ; car avec
des (*peut-être*) on ne peut rien conclure en Jugement , & d'autant moins
en cette occafion que le (*peut-être*) du fieur le Saulnier eft radicalement

C

détruit par ſes propres Titres, & même par le Procès verbal ſur lequel il forme ce *(peut-être.)*

Le *peut-être* du ſieur le Saulnier ne lui pouvant rien produire, il n'en réſultera point que *le fond* en queſtion apartienne au Roy; puiſqu'il apartient bien & valablement au ſieur de Chiffrevaſt, qui n'auroit point beſoin d'autres preuves que celles qu'il a données; mais celles qui ſuivent ne ſont pas moins ſenſibles.

Comment le ſieur le Saulnier oſe-t-il dire que le Roy, en reprenant les 19 Arpens qui furent trouvés par le Procès verbal de 1678. avoir été uſurpés ſur Sa Majeſté, n'ayant point été touché à ce qui étoit au-delà de la route de Valognes à Cherbourg, ladite petite Lande eſt reſtée au ſieur Dugauguier qui avoit pris à Fieffe du ſieur de Marandé la portion étant au-delà de ladite route? Puiſque l'on vient de voir qu'il eſt convenu que cette petite Lande n'avoit point été du compris de ladite Fieffe, peut-on ſe contredire ſi manifeſtement en ſi peu de lignes? Car enfin l'Ajudicataire en 1657. baillant à Fieffe *tout* ce qui étoit au-delà de ladite route par le Contrat de 1660. n'y comprenant point la petite Lande, & au contraire l'en excluant formellement par les bornes de cette Fieffe, elle ne peut être reſtée ni au Roy, ni à ſes Engagiſtes, puiſqu'ils n'y avoient aucune choſe; & qu'il eſt vrai, comme on l'a remarqué, que qui dit *(tout)* n'excepte rien.

Même raiſonnement du ſieur le Saulnier ſur les quatre arpens que ſon auteur s'eſt encore trouvé avoir de plus que les 356 arpens qui lui étoient reſtés après les 19 arpens diſtraits depuis le Procès verbal de 1678. Car de vouloir que ces quatre arpens de nouvelle ſur-meſure que ce même auteur du ſieur le Saulnier fut obligé de payer, pour en être maintenu en poſſeſſion, comme deſdits 356 arpens, ſoient à peu près de la contenance de ladite *petite Lande*, & qu'ils furent *aparenment* employés dans le récenſement de 1684. ce qui fait qu'il en reſta en poſſeſſion, c'eſt former le plus faux raiſonnement qui puiſſe être fait en pareille occaſion : on ne réüſſit pas mieux avec un *(aparenment)* qu'avec un *(peut-être)* la même réponſe détruit également l'une & l'autre incertitude du ſieur le Saulnier. Ce n'eſt ni par des *(peut-être)* ni par des *(aparenment)* que l'on établit un Droit condamné par des Titres, au préjudice deſquels on le reclame.

Sur le fondement de ces deux incertitudes du ſieur le Saulnier, ou s'il l'aime mieux, de ſon *(peut-être)* & de ſon *(aparenment)* il continuë de raiſonner de la même force contre le Procès verbal d'arpentement des Officiers de la Maîtriſe de Cherbourg en 1688. Mais ſon principe étant faux, ſes conſéquences le ſont pareillement, n'étant point vrai que ce Procès verbal de 1688. ait rien d'opoſé à celui de 1678. & au récenſement de 1684. ni à l'Arrêt du Conſeil de 1686. qui a condamné l'auteur du ſieur le Saulnier au payement des quatre arpens de ſur-meſure. Tout au contraire, il réſulte clairement dudit Procès verbal de 1688. comme de tous les Titres précedens, même du Procès verbal de M. de Chamillart en 1666. que ladite *petite Lande* n'a jamais été du compris de l'Ajudication de 1657. Les quatre arpens qui ont été payés en vertu de l'Arrêt de 1686. & les 19 arpens qui ont été repris en conſéquence du Procès verbal de 1678. étoient bien à la vérité de l'Ajudication de 1657. mais ils n'en étoient que comme s'étant trouvés excéder le nombre d'arpens aliénés; & c'eſt pourquoi il a falu en rendre les 19 arpens & payer les 4 autres.

Mais que de cette reſtitution ni de ce payement, le ſieur le Saulnier en puiſſe valablement conclure que ladite *petite Lande* lui apartienne, & ait en aucun tems apartenu à ſes auteurs ; c'eſt à quoi il n'y a pas ſeulement l'ombre de raiſon & encore moins de juſtice, parce qu'une uſurpation condamnée n'a jamais ſervi, & ne peut ſervir à en autoriſer une autre qui a encore moins de fondement, telle qu'eſt l'uſurpation que le ſieur le Saulnier veut faire ici ſur le ſieur de Chiffrevaſt qui ne lui doit rien ſur ſon fond, ni dans le Domaine de ſa Seigneurie.

Sur l'Ajudication par decret en 1700. du Fief de Marandé au pere du ſieur le Saulnier il cite les Articles 565. & 567. de notre Coutume, & n'en tire nulle induction, comme en effet il n'en peut tirer aucune pour s'aproprier la petite Lande ; il raporte enſuite les bornes étant dans la ſaiſie, & dit *qu'elles ſont aſſez juſtes par raport au Domaine non-fieffé de ſon Fief de Marandé ; le Terrain dont il s'agit s'y trouvant compris ;* mais il ſe trompe dans cette concluſion ; car bien loin d'y être compris, les bornes étant juſtes, le Sr de Chiffrevaſt a prouvé page 8 de ſa précedente Ecriture que ladite petite Lande n'eſt abſolument point compriſe dans la Saiſie & Ajudication par decret de 1700. non plus que dans les autres Titres précedens que l'on vient de voir, au contraire ils en ſont formellement *excluſifs* ; auſſi le Sr le Saulnier pour faire diverſion à cet égard ajoute-t-il, que *ſi on conſidere leſdites bornes par raport au Domaine fieffé, il s'y trouve pluſieurs erreurs qu'il dit n'être que l'ouvrage d'un homme peu inſtruit qui a déſigné à l'avanture les limites dudit Fief, &c....*

Or c'eſt en quoi le ſieur le Saulnier ſe trompe encore ; car ſoit par raport au Domaine fieffé ou non-fieffé, les bornes ont été employées juſtes ſuivant les précedens Titres ; le Fief a été vendu pour 360 arpens de terre, conformément à l'Arrêt du Conſeil de 1686. & le ſieur le Saulnier poſſede ces 360 arpens & même encore plus, indépendanment de ladite *petite Lande* ſéparée dudit Fief par le grand chemin de Valognes à Cherbourg, & du Domaine fieffé par le chemin qui part de celui-ci pour aller à la Lande de Beaumont ; enſorte que le premier Titre de propriété dudit ſieur le Saulnier de ſon fief n'eſt pas moins *excluſif de la petite Lande*, que tous les précedens Titres de ſes auteurs.

En vain le ſieur le Saulnier dit que l'on ne tire de ces Titres que des argumens *négatifs* contre lui. Mais que veut-il de plus fort que ſemblables Titres, du moment qu'on lui établit par ces mêmes Titres, qui ſont les ſiens, qu'il n'a rien à prétendre à ladite *petite Lande* ? Surquoi veut-il ſe fonder pour la reclamer ; il n'en a nulle *poſſeſſion*, non plus que la *propriété* ? Mais s'il avoit poſſedé, comme non, il ne l'auroit fait, ni pu faire qu'à Titre d'uſurpation : ce qui ne le rendroit encore que plus condamnable ; il n'a donc pas à ouvrir la bouche ſur ſa mauvaiſe prétention, qu'il ne ſe condamne lui-même. Comment oſer paroître, à la face de la Cour, pour ſoutenir une ſi mauvaiſe Cauſe, & lui propoſer tant d'erreurs pour tâcher de ſurprendre ſa religion ; comme ſi ſes lumieres étoient moindres que ſa juſtice ?

Le ſieur le Saulnier n'a oſé rien répondre ſur ce qu'on lui a dit que ſon pere qui avoit été *l'Agent* du ſieur de Gaumont, ſur lequel il s'eſt rendu Ajudicataire du Fief de Marandé, avoit ſi peu prétendu que ladite *petite Lande* fut du Domaine de ce Fief, qu'ayant eu bonne part à la déclaration pour la Saiſie dudit Fief dont il penſoit dès-lors s'aproprier, il ne s'avifa cependant point de faire employer dans cette déclaration & faifie ladite *petite Lande*, tant il étoit convaincu qu'elle ne faifoit point & ne pouvoit pas faire partie dudit Fief. Pourquoi donc s'eft-il avifé depuis de l'employer en termes équivoques & cachés dans fon Aveu, fi ce n'a été à deffein de fe préparer pour la fuite un Titre d'ufurpation de ce même terrain ? Et c'eft ce que le fils a voulu exécuter, en quoi l'on voit qu'il n'eft pas moins condamnable que fon pere ; ayant tous les deux également agi contre leurs parfaites connoiffances.

Le fieur le Saulnier n'en ufe pas moins mal, & ne raifonne pas plus jufte fur les Titres du fieur de Chiffrevaft que fur les fiens propres ; il a employé toute la page 10 de fa Requête, à vouloir perfuader par des inductions forcées & contre toute vérité, que les bornes des deux Aveux du Fief de Chiffrevaft, aux années 1682. & 1711. n'enferment point ladite *petite Lande* ; mais le contraire eft fi bien démontré, page 9. de la précedente Ecriture du fieur de Chiffrevaft, que ce feroit abufer de la patience de la Cour, que de s'arrêter à lui en faire la répétition.

Il fuffira feulement de dire que les deux chemins publics enfermant *de côté & d'un bout* ladite petite Lande dans le Domaine de Chiffrevaft qui l'enferme *d'autre côté & d'autre bout*, & lefdits deux chemins *la féparant* du Domaine fieffé & non fieffé du Fief de Marandé, il eft autant impoffible qu'elle ne faffe pas partie du Domaine dudit Fief de Chiffrevaft, comme il eft impoffible qu'elle faffe partie de celui de Marandé ; & par conféquent *la fituation* du lieu n'eft pas moins favorable, que les *Titres refpectifs* des Parties font décififs pour ledit fieur de Chiffrevaft : Et auffi n'en a-t-il pas moins *la poffeffion, que la propriété & la Seigneurie*, comme il eft juftifié par les mêmes Titres & fituation dudit lieu.

Si le fieur le Saulnier veut encore d'autres Arrêts de main-levée des Aveux qu'on lui a produits que l'Arreft de main-levée du dernier Aveu en 1711. il n'a qu'à parler, il fera facile de le fatisfaire, on n'en a pas produit davantage que pour éviter de groffir inutilement la production, & parce qu'auffi on a eu raifon de penfer qu'il fuffifoit du dernier Arrêt conforme à tous les précedens, & notanment à celui de 1682. dont il eft parlé dans l'Arrêt de 1711. ce qui fait que ledit fieur le Saulnier a d'autant plus de tort d'avoir dit que l'Aveu de 1682. n'a point été vérifié ; que quand cela feroit vrai, comme non, l'ufurpation qu'il tente en vain de faire réuffir, ne feroit pas moins condamnable.

Sur l'introduction du Procès & fur la Procedure.

Le fieur le Saulnier répéte encore en vain que fon Aveu en 1728. étant conforme à celui de fon pere en 1712. & le Sieur de Chiffrevaft n'étant ni Seigneur, ni proprietaire, ni poffeffeur de ladite *petite Lande*, elle doit lui apartenir, en ayant toujours joüi depuis l'Ajudication de 1700. *autant*, dit-il, *qu'il a été poffible de le faire* ; car outre que ces derniers termes n'affirment pas une joüiffance certaine ni affurée, comme en effet les fieurs le Saulnier ni leurs auteurs n'en ont jamais eu aucune ; c'eft que d'ailleurs leurs Aveux étant abfolument contraires à leurs précedens Titres, ils ne peuvent donner audit fieur le Saulnier non plus de propriété qu'il n'a eu de poffeffion, n'en ayant jamais joüi ni pu joüir, puifqu'il convient *qu'elle n'eft bonne à rien* pour lui, pendant qu'il ne peut difconvenir

venir *qu'elle eſt utile & néceſſaire* au ſieur de Chiffrevaſt pour l'exploita-tion, *l'entrée & la ſortie* de ſa Ferme, & cette exploitation établit une poſſeſſion perpetuelle en la perſonne du ſieur de Chiffrevaſt ou de ſes Fer-miers, ce qui eſt la même choſe en pareille occaſion.

Que le ſieur de Chiffrevaſt *ait révoqué ſa parole*, comme l'en accuſe fort témerairement le ſieur le Saulnier, ſur la conciliation pour laquelle ils ont comparu devant leurs Avocats à Valognes, c'eſt ce qui eſt ſi peu vrai, que s'il n'étoit pas trop long & inutile de raporter à la Cour tout ce ce qui fut fait & dit par raport à cette conciliation, la Cour ſeroit con-vaincuë que jamais procedé ne fut plus hautain, plus irrégulier & plus injuſte que celui du ſieur le Saulnier, il oublia tous les ménagemens, pour ne rien dire de plus, qu'ils doit au ſieur de Chiffrevaſt ; car enfin il eſt bon de lui en rapeller la mémoire, ſes ſubites richeſſes ne doivent jamais lui faire oublier d'où il eſt venu & les obligations qu'il a à la Maiſon du ſieur de Chiffrevaſt, qui, grace au Ciel, eſt d'une naiſſance incapable de manquer à ſa parole ; il ſe doit cette juſtice, qu'il n'y a interêt au monde qui fut capable de le faire tomber dans un pareil vice, qui eſt la honte des gens d'honneur : il faut n'en pas avoir pour lui en faire le reproche ; il n'y avoit qu'un ſieur le Saulnier qui fut capable de cette témerité : il eſpere que la Cour, à qui il apartient de venger les injures, lui en fera rendre ſatisfaction, en condamnant le ſieur le Saulnier aux interêts que le ſieur de Chiffrevaſt a conclus pour l'aumône aux pauvres.

Cette aumône, en forme de réparation, eſt même d'autant plus à ſa place, qu'il n'eſt permis à perſonne d'inſulter & de véxer ſon voiſin ; moins encore au ſieur le Saulnier, en état d'être anobli par la Charge qu'il vient d'aquerir, à l'égard d'un ancien Gentilhomme dont il eſt Vaſſal, & dans la maiſon duquel, depuis pluſieurs ſiécles, l'honneur & la vertu (le ſieur de Chiffrevaſt le peut dire) ſont héréditaires ; *la véxation* d'ail-leurs eſt complette de la part du ſieur le Saulnier : on l'a vû par la nature du fond qu'il reclame, contre ſes propres Titres, *un fond qui ne lui eſt bon à rien*, de ſon propre aveu, *& d'une néceſſité importante* au ſieur de Chiffrevaſt qui en eſt le véritable Seigneur très-foncier, & poſſeſſeur de tout tems ; enſorte que l'uſurpation que le ſieur le Saulnier veut lui en faire, *eſt malum quâ malum* : malice gratuite, de propos déliberé & ſans nulle intérêt. Jamais action mérita-t-elle plus une aumône en réparation d'honneur & dédommagement de la perſonne inſultée & véxée ?

C'eſt une autre inſulte de la part du ſieur le Saulnier, de dire que ſi le ſieur de Chiffrevaſt avoit été auſſi *ſcrupuleux* que lui ſur le fait de l'u-ſurpation, la Cour ne ſeroit point importunée aujourd'hui de ce Procès ; elle jugera, par ſes lumieres & par ſa prudence, quel eſt l'uſurpateur dans ce Procès. Le ſieur le Saulnier convient que la Cour en décidera par ſon Arrêt ; mais quel qu'il puiſſe être, le ſieur de Chiffrevaſt a tout lieu d'eſperer qu'elle ne décidera jamais qu'il ait voulu uſurper ſur le Roy, puiſque le Roy n'a rien à ladite *petite Lande* ; qu'il n'y reclame rien, & que le ſieur le Saulnier y a encore moins.

Sur l'Examen des Moyens d'Apel du ſieur de Chiffrevaſt.

Le ſieur le Saulnier ne fait que répeter encore tout ce que l'on a vû qu'il a déja dit dans la déduction du fait ; il commence par vouloir établir que *le Tenement aux Fols , étant relevant du Roy , & bornant par un bout ladite petite Lande , c'est une preuve que cette Lande est de la Mouvance du Roy & lui apartient ;* mais si elle avoit apartenu au Roy , il l'auroit venduë , ou la reclameroit; il n'a fait ni l'un ni l'autre. Donc qu'elle ne lui a jamais apartenu, ni fait partie de sa Mouvance. L'on a fait voir de plus que dans les Actes desdits le Fol, pour se souftraire de la mouvance du sieur de Chiffrevast, il n'y a été ni present, ni apellé, & conféquenment qu'ils ne lui peuvent nuire. Il n'y auroit pas d'ailleurs plus de prétexte que ladite petite Lande apartint au Roy , parce que le Tenement des le Fol la borne d'un bout , plûtôt qu'au sieur de Chiffrevaft aux heritages duquel elle tient par *un côté* , & à la Ferme duquel elle fert *d'entrée & de fortie* ; circonftances qui feules décideroient pour lui , quand même il n'auroit pas l'avantage des Titres produits qui décident auffi en fa faveur.

L'on convient que *l'on ne peut prefcrire contre le Roy* ; mais auffi le fieur de Chiffrevaft n'y veut-il pas prefcrire , c'eft pour faire illufion que le fieur le Saulnier fait de pareilles Propofitions qui n'ont aucun trait à ce Procès? Le fieur de Chiffrevaft ne parle de fa poffeffion que comme Seigneur très-foncier & Propriétaire du fond de ladite Lande fans la reclamer par prefcription. Mais ce qui eft encore de plus étrange de la part du fieur le Saulnier , c'eft que lui-même veut en avoir la poffeffion : il veut donc auffi avoir prefcrit ; & s'il prétend l'avoir pu faire contre le fieur de Chiffrevaft , celui-ci feroit plus en droit de le prétendre contre lui, ayant en outre fa joüiffance immémoriale ; un Droit de Seigneurie & de propriété qui ne lui peut être abfolument contefté en bonne juftice.

Si les le Fol ont une petite voye d'entrée & de fortie fur cette petite Lande , ce n'eft que par tolérance ; & parce qu'étant vaine & vague fans culture , il faudroit être bien mauvais voifin pour les priver d'y paffer. Mais cela donne-t-il le moindre droit au fieur le Saulnier ? Il faut dire la même chofe de ce qu'il fupofe que *le fieur de Chiffrevaft fe peut faire une autre entrée & fortie à fa Ferme.* Car pourquoi changeroit-il celle dont il joüit de tout tems immémorial ? C'eft être bien à bout de toutes bonnes raifons que d'en alleguer de pareilles.

Le fieur le Saulnier n'eft pas plus judicieux dans ce qu'il dit touchant l'avenuë plantée en arbres fur cette petite Lande pour aller & venir à la Ferme du fieur de Chiffrevaft ; il prétend que les auteurs de celui-ci n'avoient pas eu droit de l'y planter , & qu'il n'eft point vrai que les arbres qu'il en a pris lui ayent été donnés par ledit fieur de Chiffrevaft ; mais le contraire eft trop certain pour en pouvoir douter. Les fieurs de Chiffrevaft n'auroient point planté ladite avenuë , dont les arbres avoient peut-être plus de 200 ans, puifqu'on ne les a abbatus que parce qu'ils dépériffoient , fi le fond ne leur avoit apartenu , & qu'il eût été du Domaine ; en ce dernier cas les Receveurs s'y feroient opofés , & l'avenuë n'auroit point été plantée ; enforte que fa plantation fait encore un Titre de propriété & de poffeffion qui continuë de confondre ledit fieur le Saulnier ; & il fuffit qu'il n'en ait eu que quelques arbres , pour en conclure qu'il faut néceffairement qu'ils lui ayent été donnés , puifqu'autrement fi elle avoit été à lui ou au Roy , ils en auroient profité en intégrité ; ce qu'il n'oferoit foutenir & encore moins établir.

Sur tout cela , le fieur le Saulnier fe répand en tant & de fi longs rai-

ſonnemens tellement forcés, qu'il faudroit être quatre fois plus longs
pour en faire ſentir le faux & les mauvaiſes conſéquences. Mais ce ſeroit
perdre le tems & abuſer de la patience de la Cour; car tous ſes vains rai-
ſonnemens ne ſont que des minuties qui ne concluent rien pour le mérite
du fond & la déciſion du Procès.

Sur l'Examen des Moïens d'Apel du Sieur le Saulnier,
& des Réponſes du Sieur de Chiffrevaſt.

PREMIER MOYEN.

Le premier Moïen du Sr le Saulnier eſt une fin de non-recevoir tirée
du prétendu défaut d'interêt du ſieur de Chiffrevaſt à reclamer la Lande
en queſtion. L'on a fait voir au contraire cet interêt ſi ſenſible pour le
ſieur de Chiffrevaſt, que ce ſeroit abſolument perdre le tems & ennuyer
la Cour que de s'y arrêter plus long-tems, puiſque l'on ne pouroit le faire
que par des répetitions fatigantes.

Tout ce que dit le ſieur le Saulnier à l'égard des trois autres Chefs de
la Sentence, ne mérite pas que l'on s'y arrête davantage; il ſuffit qu'il
s'en ſoit rendu Apellant indéfiniment, & qu'il les ait aquieſcés à la Cour;
s'il en étoit queſtion, on lui feroit bien voir, comme on a fait devant
le Juge des lieux, que le ſieur de Chiffrevaſt y avoit un ſenſible interêt;
mais choſe inutile à diſcuter, puiſqu'il ne s'en agit pas.

Le ſieur le Saulnier n'eſt pas plus heureux dans ſes obſervations ſur les
Concluſions des Gens du Roy; il eſt vrai que le Subſtitut de M. le Procureur General n'étoit pas récuſable, parce que ſon frere a épouſé une pa-
rente du ſieur le Saulnier, auſſi ne l'a-t-on pas récuſé; mais on en a fait
ſeulement l'obſervation pour dire qu'il ne devoit pas ſe flâter d'aucun
avantage de ce que ce Subſtitut avoit mis des Concluſions en ſa faveur
contre l'avis de l'Avocat du Roy; une pareille alliance eſt bien capable
d'avoir fait incliner en faveur dudit ſieur le Saulnier, & c'eſt tout ce que
l'on en a induit pour ôter tout prétexte au ſieur le Saulnier d'aucun avantage du côté deſdites Concluſions, qui d'ailleurs ne décideront de rien à
la Cour pour l'une ou l'autre des Parties.

Sur le ſecond Moyen.

Ce ſecond Moyen eſt tiré de la prétenduë poſſeſſion du ſieur le Saulnier; mais il eſt ſi-bien établi, qu'il n'en a jamais eu aucune; qu'il eſt étonnant qu'il ait oſé dire l'avoir euë en quelque-tems que ce ſoit; il la fonde
ſur l'énoncé de l'Aveu de ſon pere en 1712. mais cet énoncé inconnu au
ſieur de Chiffrevaſt ne fait aucun Titre de proprieté ni de poſſeſſion audit
ſieur le Saulnier; pour poſſeder, il faut jouïr par ſoi-même ou par ſon
Fermier; il n'y a jamais eu rien à jouïr ni pour le ſieur le Saulnier, ni
pour aucun Fermier pour lui, puiſqu'il dit lui-même que ladite petite
Lande n'eſt bonne à rien; & en effet elle eſt en joncs marin, fougeres &
de nature à ne pouvoir être cultivée; il n'a donc point joüi, ni eu par
conſéquent aucune poſſeſſion.

Celle qu'il tire du profit qu'il a fait de quelques arbres de l'avenuë dé-
truite ſur cette petite Lande n'en eſt point une, parce que ces arbres lui

ont été donnés par le sieur de Chiffrevast, il méconnoit sa donation, & prétend que pour être crue, le sieur de Chiffrevast en devoit faire la preuve; mais il ne se fait point de preuve d'une pareille donation, qui ne consiste que dans un consentement verbal, & le sieur le Saulnier n'a point non plus de preuve du profit desdits arbres, que la reconnoissance que lui en a passée de bonne foi le sieur de Chiffrevast, en convenant en même-tems qu'il lui en avoit fait don.

Il est vrai que le sieur le Saulnier ajoute qu'il auroit fait preuve de l'a-profitement desdits arbres, & l'on n'en doute pas; car des arbres de cette qualité ne peuvent pas s'enlever clandestinement; mais la donation s'en fait verbalement, & l'on n'a pas toujours des témoins quand on donne quelque chose. La preuve du sieur le Saulnier lui auroit donc été aussi facile que celle du sieur de Chiffrevast difficile, ne se souvenant pas bien si quelqu'un y étoit present; mais qu'il eût profité des arbres sans qu'on les lui eût donnés, ce qu'il n'auroit cependant pu prouver; il n'en seroit résulté autre chose, sinon qu'il auroit usurpé lesdits arbres sur un fond dont il n'avoit ni la Seigneurie, ni la propriété, ni la possession : ce que le sieur de Chiffrevast ne lui auroit assurément pas souffert.

Que le sieur de Chiffrevast ait été obligé de se pourvoir *d'un Mandement de Loi aparente* pour reclamer la petite Lande, c'est ce qui est si peu vrai, qu'il n'en a jamais perdu *la possession*, non plus que *la proprieté*, comme on l'a surabondamment établi, & qui est le seul cas où l'on soit obligé de prendre cette voye. Le sieur le Saulnier ne fait cette Proposition que sur la supofition que c'est lui qui a toujours possedé, & l'on a vû que cette supofition est dénuée de toute vérité; ce qui rend sa Proposition inutile & sans aucun fondement.

Il n'est point vrai que la libéralité du sieur de Chiffrevast en cette occasion *ait pu faire tort à son droit* sur ladite petite Lande. *S'il lui sied mal de s'en vanter*, dans le tems qu'il paroît si sensible à la conservation de ce terrain, que le sieur le Saulnier dit être d'un interêt *si modique*. Il sied encore plus mal à celui-ci de se tant opiniâtrer à vouloir usurper un si petit fond, qu'il convient *être si modique & ne lui être bon à rien*. L'on a déjà vû que le vif motif qui fait agir le sieur de Chiffrevast est des plus interessant pour lui, non pas par raport au revenu, puisque ce petit fond n'en peut produire aucun; mais bien par raport à l'Exploitation de sa Ferme, dans laquelle il souffriroit un préjudice des plus considérable; ainsi *sa vivacité* à le défendre ne prouve nullement qu'il n'ait pas pu être libéral, & donner au Sr le Saulnier les arbres dont il lui a fait present.

Que ce soit à son pere & non à lui, c'est bien la même chose; il dit en avoir eu aussi, & que ceux que le sieur de Chiffrevast a fait abatre ne l'ont été que depuis ce Procès; mais le sieur de Chiffrevast en avoit fait abatre autant de fois qu'il en a eu besoin, sans nulle oposition des sieurs le Saulnier pere & fils; celui-ci n'en a fait abatre non plus que depuis le Procès, à quoi par cette raison le sieur de Chiffrevast n'a pas voulu s'oposer; mais il est toujours vrai que ceux dont ils ont profité, ne sont provenus que de la liberalité du sieur de Chiffrevast, & ledit sieur le Saulnier ne dira pas en avoir donné audit sieur de Chiffrevast, qui assurément ne les auroit jamais voulu avoir à ce titre.

Après tout, le droit du sieur de Chiffrevast est si clairement établi pour la Seigneurie, proprieté & possession de ce petit fond, indépendamment

du

du peu d'arbres que le sieur le Saulnier en a eus, à quelque Titre que ce soit, de donation ou d'usurpation, qu'il n'y a pas d'attention à faire à cet égard, le profit de quelques arbres dont le sieur le Saulnier n'a de preuve que par la reconnoissance que le Sr de Chiffrevast en a bien voulu faire en convenant les avoir donnés, ne rendra pas assurément ledit sieur le Saulnier proprietaire d'un fond dont il est formellement exclu par ses Titres, qui condamneroient son aprofitement desdits arbres comme une usurpation, s'il n'étoit pas aussi naturellement vrai qu'il est que la libéralité lui en a été faite.

L'on convient que le pâturage sur un fond ouvert de deux côtés par deux grands chemins ne fait nulle preuve de possession, & ce n'est pas surquoi le sieur de Chiffrevast a fondé la sienne ; ainsi il étoit inutile au sieur le Saulnier d'en parler.

En vain au sieur le Saulnier de revenir de toutes parts à la tenure desdits le Fol ; l'on s'en est expliqué de maniere à faire voir que les Actes où ils ont pu se dire mouvans du Roy, ne peuvent nuire au sieur de Chiffrevast qui n'y a été present ni apellé. D'ailleurs, ce n'est pas là en quoi consiste le point de décision : il s'agit de sçavoir si ladite petite Lande a été venduë en 1657. aux auteurs du sieur le Saulnier, & s'il en a été Ajudicataire sur eux en 1700.

Or sur cela il est *démontré* qu'elle n'a point été venduë par le Roy aux auteurs du sieur le Saulnier, parce qu'elle n'a jamais été de son Domaine ; *démontré* qu'ils n'y ont jamais rien prétendu, & n'en ont jamais joüi ; *démontré* qu'elle n'a point été comprise dans l'Ajudication du pere du sieur le Saulnier, qui n'en a jamais joüi non plus ; *démontré* au contraire qu'elle a toujours été de la Seigneurie & propriété du sieur de Chiffrevast ; & enfin *démontré* qu'il en a toujours joüi & été dans une valable & paisible possession par l'Exploitation de sa Ferme, sans quoi on ne pouroit *y entrer & sortir* ; & que ce n'a été que par cette raison & à cette occasion que ses Ancêtres y avoient fait planter ladite avenuë d'arbres dont il a fait son profit, à l'exception de ceux qu'il en a donnés au sieur le Saulnier, qui n'en peut rien conclure en sa faveur pour aucun droit de propriété ni de possession sur cette petite Lande.

Quelle ait fait ou non partie de la Lande de Beaumont, il importe peu. Il n'est pas moins vrai que l'une & l'autre Lande apartiennent au Sr de Chiffrevast, suivant ses Titres & sa possession.

Sur la Propriété, ou troisiéme Möien.

Le sieur le Saulnier convient que le Fait de la propriété de ladite *petite Lande* a été traité dans l'exposition des Titres ; ainsi ce n'est qu'une répétition que tout ce qu'il rapelle de la disposition du Contrat d'aliénation de 1657. du Contrat de Fieffe de 1660. des Arrêts du Conseil qui ont été rendus & des differens Procès verbaux qui ont été faits aux années 1666. 1667. 1668. 1672. 1678. 1684. 1686. 1688. ainsi que de l'Ajudication par Decret au profit de son pere en 1700. Suivant toutes lesquelles Pieces, bien-loin qu'il soit constant que cette *petite Lande* apartint au Roy avant 1657. qu'elle a été venduë par le Contrat de la même année, & que les auteurs du sieur le Saulnier & lui-même en ayent toujours joüi depuis jusqu'àpresent, il est au contraire très-vrai que le Roy

E

n'en a jamais eu de propriété ; qu'il ne l'a par conséquent jamais vendue, ni pû même avoir eu l'intention de la vendre, & que le sieur le Saulnier, ni ses Auteurs n'en ont jamais joüi ni tenue en leur possession.

L'on a déja dit que les termes (*sans en rien réserver ni retenir*) employés dans l'Ajudication de 1657. ne peuvent s'entendre que de ce qui apartenoit au Roy, & non de ladite *petite Lande* qui ne lui apartenoit pas.

C'est une illusion de la part du sieur le Saulnier de dire que *si les le Fol n'ont pas poussé leur aquisition du Domaine du Roy sur cette petite Lande, & si le sieur Dugauguier Piquenot preneur à Fieffe par le Contrat de 1660. ne voulut pas qu'elle fut employée dans ledit Contrat, ce n'a été que parce qu'elle étoit de trop petite valeur;* car ni les uns ni les autres n'ont pu avoir de dessein sur ce petit fond qui n'a jamais été en vente de la part des sieurs de Chiffrevast, lesquels en ont toujours été véritables Seigneurs, Propriétaires & possesseurs, comme leur étant très-utile & absolument nécessaire pour l'Exploitation de leur Ferme, quoique de *nulle valeur* pour toutes autres personnes.

En un mot, toutes les réflexions du sieur le Saulnier sont si vaines & & ses raisonnemens si étrangers à la décision de la Cause, que se seroit absolument perdre le tems que de s'arrêter à en faire voir le peu de solidité, par le défaut de justes conséquences qu'elles ne peuvent avoir pour le soutien de sa mauvaise prétention dans ce Procès ; & c'est dont l'on voit qu'il a été lui-même le premier si bien convaincu, qu'il paroît n'avoir pû donner une idée seulement que sa Cause fut soutenable ; car à son exposition du Fait & à la lecture de ses Moïens, l'on est pénétré qu'il plaide *sans aucun interêt*, & qu'il ne sçait à quoi s'acrocher pour persuader seulement que s'il n'a pas raison, du moins il est excusable sur ce qu'il n'a fait que suivre l'Aveu de son pere.

Mais l'Aveu de son pere, qui ne vaut pas mieux que le sien, ne l'a pas autorisé à s'opiniâtrer dans une mauvaise prétention que son pere n'auroit pu valablement soutenir non plus que lui ; parce qu'enfin il est sensible que tout concourt & se réünit à faire sentir que jamais prétention ne fut plus manifestement temeraire ni plus injuste que celle dudit sieur le Saulnier, qui de son propre aveu plaide *sans interêt pour un fond bon à rien*, & qu'il convient que ses auteurs n'ont jamais regardé autrement ; ensorte que de quelque côté que l'on considere ce Procès tout y est juste, tout y est favorable, & tout y décide en faveur du sieur de Chiffrevast, qui est des plus à plaindre d'avoir à se défendre d'une pareille vexation de la part du Sr le Saulnier, dont il en auroit moins dû attendre que de nul autre.

Sur les dépens.

Il ne faut que lire ce que dit le sieur le Saulnier à cet égard pour comprendre que c'est plûtôt un aquiescement au fond que des moyens de légitime défense ; il prétend que quand il perdroit sa Cause, il ne devroit pas y être condamné, ou du moins que l'on devroit les compenser, parce qu'il avoit consenti à la réformation de son Aveu sur un chef du nombre des quatre chefs en contestation, & que sur le quatriéme concernant la *petite Lande*, la Sentence ne l'a pas ajugée au sieur de Chiffrevast.

Mais ladite Sentence ne l'en a pas refusé non plus absolument, & a laissé la propriété en doute à l'égard du Sr de Chiffrevast, pendant qu'elle à jugé qu'elle n'apartenoit point au Sr le Saulnier, en le condamnant à réformer son Aveu en ce chef, comme sur les autres; ensorte que quand ladite petite Lande n'apartiendroit pas au Sr de Chiffrevast aussi constamment qu'elle lui apartient, il n'en seroit pas moins vrai qu'il auroit toujours réussi sur ses quatre chefs d'oposition, puisque le Sr le Saulnier en a consenti un devant le Juge, aquiescé les deux autres à la Cour, & qu'ayant perdu également sur le quatriéme comme sur les trois autres, il ne pouvoit jamais éviter en bonne justice la condamnation desdits dépens.

Au surplus, comme le sieur de Chiffrevast est Apellant de ce qu'on ne l'a pas maintenu dans la Seigneurie, propriété & possession de ladite *petite Lande*, & qu'il espere, par toutes les raisons qu'il en a données, que son Apel ne souffrira pas de difficulté, sous le bon plaisir de la Cour; il espere pareillement qu'il n'y aura point non plus de difficulté à lui ajuger ses pleins dépens, & même *les interêts d'indüe véxation*, ausquels il a conclu au bénéfice des pauvres; parce qu'en effet, jamais véxation ne fut plus évidente & plus odieuse que celle que l'on voit qui lui est faite de la part du sieur le Saulnier son Vassal dans ce Procès.

Pourquoi le sieur de Chiffrevast, par ces raisons & autres à supléer de droit & d'équité, par les lumieres & la justice de la Cour, persiste à ses Conclusions.

Monsieur DE BAILLEUL, Conseiller-Raporteur.

Me ROMY, Avocat.

Me CARUEL, Procureur.

Le trois Juin mil Sept Cents trente Cinq Delivré et Signiffié Copie du present à Me Hébert l'ainé procureur du Sieur le Saulnier de Rouville en parlant à son Clerc à son Bureau à ceux il n'en ignore, ledit Sieur de Chiffrevast n'y est pas le Sieur desmout cidac present en personne Lequel entend faire son retour à s'alleguer Dont acte par moy huissier soussigné
Cossur

Me CARREL, Procureur.

M. ROBERT, Avocat.

Maître DE BAILLEUL, Greffier-Rapporteur.

Conclusions.

[...] de la justice de la Cour, partie, & les [...] à suppléer, par ces raisons & autres [...] dans ce Procès. [...] que celle que l'on voit qui lui est faite [...] jamais vexation ne [...] parce qu'en elle, à laquelle il [...] non plus de difficultés à aju-[ster] [...] sous le bon plaisir de la Cour, [...] par toutes les raisons qu'il en a données, [...] propriété & possession [...] D'Orleval [...] la propriété à Abelhac de ce qu'an [...]